Bibliografische Information der Deutschen Nationalbibliothek:

Die Deutsche Bibliothek verzeichnet diese Publikation in der Deutschen National-bibliografie; detaillierte bibliografische Daten sind im Internet über http://dnb.d-nb.de/ abrufbar.

Impressum:

Copyright © 2016 GRIN Verlag, Open Publishing GmbH
Druck und Bindung: Books on Demand GmbH, Norderstedt Germany
ISBN: 9783668424838

Dieses Buch bei GRIN:

http://www.grin.com/de/e-book/355656/zusammenarbeit-im-betrieb-zib-eine-stichpunktartige-pruefungsvorbereitung

Stefan Geschke

Zusammenarbeit im Betrieb (ZiB). Eine stichpunktartige Prüfungsvorbereitung für angehende Industriemeister

GRIN Verlag

GRIN - Your knowledge has value

Der GRIN Verlag publiziert seit 1998 wissenschaftliche Arbeiten von Studenten, Hochschullehrern und anderen Akademikern als eBook und gedrucktes Buch. Die Verlagswebsite www.grin.com ist die ideale Plattform zur Veröffentlichung von Hausarbeiten, Abschlussarbeiten, wissenschaftlichen Aufsätzen, Dissertationen und Fachbüchern.

Besuchen Sie uns im Internet:

http://www.grin.com/

http://www.facebook.com/grincom

http://www.twitter.com/grin_com

Anlagen, Entwicklung und Selbstwertgefühl

Anlagen
- Der Meister erkennt Anlagen im MA und fördert diese gezielt. **Beispiel**: Ein MA hat eine logische Begabung, Der IM gibt dem MA regelmässig Aufgaben, die seine Begabung fördern. Bei Problemen gibt er Hilfestellung, der MA ist sehr zufrieden mit seinem MA.

Entwicklung und Sozialverhalten
- Der IM lässt alle MA in verschiedenen Teams mitarbeiten. Dieses fördert die Sozialkompetenz, Er fördert seine MA durch Weiterbildungsmassnahmen und verteilt Aufgaben die die Selbstständigkeit fördern.

Umsetzung Anlagen und Entwicklung
- Vermeidung von Unter und Überforderung
- Geeignete Förderung
- Entwicklungsgerechte Ausbildung
- Konzentrationsmöglichkeit

Arbeitsplatzbeschreibung (Stellenbeschreibung)

Inhalte
- Arbeitsanforderungen
  - Arbeitsziel
  - Inhalt der Tätigkeit (nach Haupttätigkeit, Nebentätigkeit und fallweisen Aufgaben gegliedert
  - Arbeitsformen, Einzelarbeit Gruppenarbeit
- Zuständigkeiten und Verantwortung
  - Menschen
  - Betriebsmittel
  - Material
  - Termine
  - Geld
  - Kontakte(nach innen und aussen)
- Befugnisse und Vollmachten
  - Entscheidungsspielraum
  - Stellvertretungen
  - Unterstellungen
- Ausbildungsanforderungen
  - Betriebliche, und/oder gesetzlich vorgeschrieben Ausbildung
  - Zusatzausbildung
  - Erfahrungen
  - Besondere Verhaltensweisen

Arbeitsplatz und Betriebsgestaltung (Humanisierung)

Wesentliche Elemente
- Menschengerechte Gestaltung der Arbeit

- Weg von der Zerlegung der Arbeitsabläufe, hin zu überschaubaren Arbeitsplatzabläufen
- Ablösung der Fremdsteuerung hin zur Selbststeuerung
- Ausführung grösserer Arbeitsinhalte
- Einbeziehung des einzelnen in das Betriebsgeschehen
- Mitwirkung bei der Gestaltung des Arbeitsplatzes und der Arbeitsabläufe
- Möglichst vielseitige statt einseitige Beanspruchung
- Möglichkeiten der sozialen Kontakte (Gruppenarbeit)
- Übernahme von Verantwortung
- Job Enlargement
- Job enrichment
- Job rotation

Autorität

Grundlagen persönlicher Autorität bzw. Verhaltensweisen zur Förderung
- Selbstvertrauen (d.h. gelernt haben deine Schüchternheit und Komplexe zu bekämpfen und zu überwinden, um so Vertrauen zu sich selbst zu finden
- Selbstsicherheit, d.h. nicht unbedingt stets das zu tun, was andere auch tun, sondern das Handeln an sich selbst ausrichten und dabei
- Mit Vorgesetzten und MA gleichermassen freundlich umgehen
- Sich nicht beim handeln auf seine Dienstgewalt berufen müssen
- Glaubhaftes überzeugendes Verhalten
- Führungswille
- Kommunikationsbereitschaft
- Kontaktfähigkeit

Formen der Autorität ZIB Seite 47
- Übertragene Autorität
  - Dienstgewalt
- Erworbene personelle und fachliche Autorität

Führungsverhalten durch Autorität
- Autorität führt durch Überzeugung
- Basis ist Vertrauen und Fachwissen
- Bei Uneinsichtigkeit trotzdem kurzfristig autoritär
- Autorität fördert Selbstständigkeit der MA
- Lehnt blinden Gehorsam ab
- Fördert Talente und Fähigkeiten
- Vermeidet Konflikte durch sachliche Detaillierung
- Unterdrückt Mobbing

Betriebsklima

Definition
- Das Betriebsklima umfasst zum einen Faktoren, die mit der sozialen Struktur des Unternehmens zu tun haben. Gute Mitarbeiterführung und Kommunikation

sind Vorraussetzungen für ein gutes Betriebsklima. Andere Faktoren wie Entlohnung und Arbeitsplatzgestaltung wirken gleichfalls auf das Betriebsklima von aussen positiv oder negativ ein.

Auswirkungen eines schlechten Betriebsklimas
- Allgemeine Einstellung der MA zum Betrieb wird negativ
- Das Verhältnis zwischen Vorgesetzten und MA ist gespannt
- Die Arbeits- und Leistungsbereitschaft sinkt
- Die Arbeitsmoral sinkt und unbegründete Fehlzeiten steigen
- Die Leistungskurve der MA fällt
- Ausschussquoten steigen
- Unpünktlichkeit steigt
- Rückläufige Produktivität
- Schlechte Qualität
- Steigende Kosten in Produktion und Verwaltung
- Steigende Gemeinkosten
- Überdurchschnittlich hoher Krakenstand
- Hohe Fluktuation

Ursachen des schlechten Betriebsklimas
- Persönliche Ursachen
- Arbeitstechnische Ursachen(Monotonie, Lärm)
- Ursachen im zwischenmenschlichen Bereich
- Betriebliche Ursachen
- Ungerechte Arbeitsverteilung
- Konflikte mit anderen MA

Methoden zur Findung der Ursachen des schlechten Betriebsklimas
- Gespräche mit Gruppenführern (nicht objektiv)
- Einzelgespräche mit MA (zeitintensiv)
- Schriftliche Befragung (Zustimmmungspflichtigkeiten müssen beachtet werden sehr arbeitsintensiv und zeitaufwendig

Möglichkeiten zur Verbesserung des Betriebsklimas
- Soziale Einrichtungen
- Pausen und Versorgungszonen
- Kantine
- Mitarbeiterinformation(Werkzeitung schwarze Bretter, Intranet)
- Parkmöglichkeiten
- Schaffung der Möglichkeit von Fahrgemeinschaften
- Betriebssport
- Betriebsausflug
- Betriebsfeier
- Vermeidung von Monotonie durch Job Rotation, Job Enrichment, Job Enlargement
- Bildung Teilautonomer Arbeitsgruppen
- Gerechte Arbeitsverteilung

Führungsverhalten zur Verbesserung des Betriebsklima
- Mehr Kontakt zu den MA pflegen
- MA durch angemessene Anerkennung oder auch Korrektur fördern
- Mitarbeiter weiterbilden
- Einen Auftrag oder eine Anordnung stets richtig, klar und eindeutig übermitteln
- Dem richtigen MA den richtigen Platz zuweisen
- Ruhe und Selbstbeherrschung ausstrahlen
- Unter angemessener Berücksichtigung emotionaler Einflüsse stets sachliche Entscheidungen treffen.
- Jeden MA korrekt mit seinem Namen anreden
- Eindeutige Ziele setzen

Fluktuationshemmnisse
- Bei Gruppen
  - Aufgrund von Gruppenzwang (gegenseitige Abhängigkeit)
  - Vermehrte soziale Kontrolle
  - Keine Anonymität
  - Starkes WIR Gefühl
  - Gruppenzusammenhalt
- Bei MA mit eigenem Fachbereich und Entscheidungsbereich
  - Mehr Verantwortungsbewusstsein
  - Motivierter durch Entscheidungsfreiraum
  - Fühlt sich als unverzichtbarer Teil des ganzen
  - Vorbildfunktion für andere anspruchsvollerer Aufgaben

Auswirkungen hoher Fluktuation
- Der Weggang eingearbeiteter MA vermindert zumindest vorübergehend die Leistung
- Bei der Einarbeitung neuer MA ergeben sich Qualitätsprobleme
- Erhöhte Unfallgefahr bei der Einarbeitung neuer MA bzw. bei der Umsetzung vorhandener MA
- Erneuter Zeit und Kraftaufwand bei Vorgesetzen durch Einweisen, unterweisen und vermehrter Kontrolle
- Störungen in den Arbeitsgruppen und daraus
  - Störung des Arbeitsrhythmus in bestehenden Gruppen
  - Gewöhnung der Arbeitsgruppe an neue MA

Massnahmen zur Verringerung von Fehlzeiten
- Der Meister fördert verstärkt das ausheilen von Krankheiten
- Der Meister steht vorbeugenden Massnahmen positiv gegenüber
- Mit Rücksicht auf verantwortungsbewusste MA, die meistens gezwungen sind Aufgaben fehlender Kollegen mit zu übernehmen, sollte der IM jedoch gegen MA vorgehen, die anscheinend nicht wegen einer Krankheit, sondern aus anderen nicht bekannten Gründen fehlen.
- MA müssen am richtigen Platz arbeiten, damit sie zufrieden sind
- Fehlzeiten hängen entscheidend von der Führung ab
- Reorganisation von Arbeitsgruppen
- Reduzierung durch steigende Verantwortung der MA durch Delegation, Arbeitsplatzverbesserungen, Aufstiegschancen

- Der IM muss den MA klarmachen, dass man die Abwesenheit beachtet und sich Gedanken über Genesung macht
- Rückkehrgespräche führen
- Krankenbesuche durchführen

Auswirkungen von Fehlzeiten
- Auf das Unternehmen
  - Kosten der Lohnfortzahlung
  - Produktionsstau
  - Kosten für Leihkräfte
  - Kosten für Mehrarbeit
  - Verschlechterung des Betriebsklimas
  - Unzufriedene Kunden
- Für die Vorgesetzten
  - Ziele werden nicht erreicht
  - Planungsänderungen
  - Belastung durch Einarbeitung von umgesetzten MA
  - Minderleistung der neuen MA
  - Mehr Ausschuss
- Für die Kollegen
  - Mehr Arbeit
  - Überstunden
  - Hektik
  - Tätigkeitswechsel
  - Spannungen zwischen gesunden und fehlenden
- Den fehlenden
  - Vermindertes Selbstwertgefühl
  - Geringere Aufstiegschancen
  - Anfeindungen durch Kollegen
  - Isolierung

Inhalte des Fehlzeitengesprächs
- Nach befinden erkundigen
- Mögliche Ursache der Fehlzeit erfragen
- Können betriebliche Ursachen abgestellt werden?
- Liegen immer gleiche o.ä. Ursachen für die Fehlzeit vor?
- Wenn die Ursachen nicht im Betrieb liegen, kann der Betrieb dennoch helfen Informationen über die Folgen des Fehlens für den MA, die Vorgesetzen und die Kollegen geben

Beschwerden

Anhörphase
- Jede Beschwerde ernst nehmen
- Den Beschwerdeführer ausreden lassen
- Nicht sofort dazu Stellung nehmen
- Selbst ruhig und gelassen wirken
- Die eigene Zuständigkeit abschätzen

Prüfungsphase
- Ähnliche Fälle und deren Lösungsansätze im Vorfeld studieren
- Durch sachliche Befragung Ursache der Beschwerde feststellen
- Die Ansichten anderer Beteiligter ggf. anhören
- Die Zusammenhänge klären

Handlungsphase
- Massnahmen einleiten, die eine Abhilfe ermöglichen können
- Ruhe und Gelassenheit ausstrahlen
- Wenn Abhilfe nicht möglich ist, die Situation versuchen zu erleichtern
- Einsicht durch Vernunft erzeugen

Beobachtungsphase
- Kontrolle der eingeleiteten Massnahmen
- Prüfen ob der Anlass der Beschwerde ausgeräumt und beseitigt ist
- Vermeidung einer erneuten Eskalation
- Prüfen ob der Beschwerdeführer zufriedengestellt ist.

Beurteilungen

Siehe ZIB Zusammenfassung Bernd Seite 23 und Seite 24 (Seite 24 ist sehr gut)

Vermeidung Beurteilungsfehler
- Systematische Beobachtungen aufzeichnen
- Sachlich bleiben
- Sich zur neutralen Beurteilung zwingen
- Nicht auf Dritte hören
- Beurteilungsbogen nutzen
- Keine Vorurteile

Delegation

Gründe für Delegation
- Befriedigung des Bedürfnisses nach eigenem Bereich und Entscheidungsfreiheit beim MA
- Umfang der Arbeitsbelastung beim IM
- Spezialisierung des MA
- Gestiegener Wert der Produktionsmaschine(Verantwortung für die „eigene Maschine")
- Leistungsanreiz für den MA
- Ausschöpfung der kreativen Möglichkeiten der MA
- Verbessertes Gruppenklima

Vorraussetzungen
- Aufgabenbeschreibung der zu delegierenden Aufgabe
- Verantwortung
- Zuständigkeiten

Vorraussetzung der MA

- Leistungsfähigkeit
- Leistungsbereitschaft
- Zuverlässigkeit
- Eigeninitiative
- Selbstständigkeit
- Entscheidungsbereitschaft
- Fachliche Qualifikation
- Belastbarkeit
- Unternehmens orientiertes arbeiten
- Informationsaustausch mit Vorgesetzen

Was wird übertragen

- Aufgaben
- Kompetenzen
- Verantwortung

Nicht delegiert wird

- Zielsetzung und Planung von Aufgaben
- richtige Besetzung der Stellen in der Abteilung
- Kompetenzenabgrenzung
- Einführung, Einweisung und Information der MA
- Leistungsbeurteilung
- Kontrolle der MA

Fehler bei Delegation

- Fehler des Vorgesetzten durch
  - Willkürliches eingreifen in die Bereiche die an den MA delegiert wurden
  - Unzulässige Rücknahme der Delegierung wegen mangelhafter Leistung des MA
  - Delegationsaufgabe unvollständig oder umständlich erklärt
  - Informationen zurückhalten
  - Methode der Aufgabenerledigung vorschreiben
  -
- Fehler des MA
  - Rückdelegierung, unangenehme Entscheidungen werden an den Vorgesetzten zurückgeschoben um sich Rückendeckung zu verschaffen

Vorgehensweise bei Delegation

- Aufgaben abgrenzen, Kompetenzen festlegen
- Persönliche und fachliche Vorraussetzungen beim MA sicherstellen
- Über die beabsichtigte Delegation informieren
- MA über Aufgabe, Kompetenzen und Grenzen im Detail informieren
- Nach dem Einverständnis des MA, betroffene MA und angrenzende Bereiche informieren
- Aufgaben, Kompetenzen und Verantwortung übertragen
- Vereinbarung gegenseitiger Information

- Ergebnis kontrollieren
- Ziele setzen

Einführung neuer MA

Gründe aus der Sicht des MA
- Kennenlernen der Abteilung und der Arbeitsaufgaben
- Kennenlernen der Vorgesetzten und nächsten MA
- Kennenlernen der Örtlichkeiten (z.B. Werkzeugausgabe, Betriebsbüro, Speiseraum, Toiletten, Sozialräume)
- Vermeidung von möglichen Unfällen am Areitsplatz
- Bedeutung der Arbeit erkennen können
- Möglichst schnell sicher fühlen

Gründe aus Sicht des Unternehmens
- Kosten für Anwerbung und die Einstellung sollen niedrig gehalten werden
- Möglichst schnelle Produktivität ohne Unfallgefährdung
- Der MA soll betriebliche Zusammenhänge schneller erkennen
- Mitdenken und Bereitschaft zu Verbesserungsvorschlägen sollen gefördert werden

Vorbereitung zur Einführung der neuen MA
- Unterlagen der Personalabteilung anfordern
- Arbeitsplatz vorbereiten
- Einarbeitungsplan erstellen
- MA informieren
- Informationsmaterial erstellen
- Pate auswählen
- Zeit am Einstellungstag einplanen

Vorgehensweise bei der Einführung des neuen MA
- Persönliche Begrüssung, über Werdegang, Interessen und Ziele unterhalten
- MA den Kollegen vorstellen
- Betriebspaten vorstellen
- Rundgang durch den Betrieb
- Belegschaftseinrichtungen, Arbeitsplatz und Arbeit zeigen
- Auf wichtige Arbeits- und Sicherheitsregeln hinweisen
- Wünsche und Neigungen durch Befragen feststellen
- Ggf. Unterweisungen durchführen
- Informationsmaterial aushändigen

Einführung der MA in Gruppen
- Gruppen haben eine Eigendynamik und sind Veränderungen gegenüber skeptisch eingestellt
- Die neuen MA müssen die internen Verhaltensregeln(Gruppennormen, ungeschriebene Gesetze) erst kennen lernen
- Die neuen MA müssen die internen Leistungsziele der Gruppe kennen (Gefahr als Streber oder Bremser zu wirken)
- Gruppe informieren

- Vorteile herausstellen
- Einarbeitungsplan
- Veränderung der Gruppenstruktur beachten
- Paten benennen

Probleme bei der Einführung neuer MA
- Mangelnde Akzeptanz des neuen MA
- Ablehnung der neuen MA
- Fehlende Qualifikation des neuen MA
- Fehlende Motivation des neuen MA

Erwartungen an den Industriemeister

Erwartungen der MA
- Fachliche Qualifikation
- Fähigkeit zu guter Unterweisung
- Aufklärung über Sicherheit am Arbeitsplatz
- Gerechte Arbeitsverteilung
- Gerechte Entlohnung und Beurteilung
- Mitarbeiterbezogene Qualifikation
- Führungseigenschaften
- Einfühlungsvermögen
- Urteilsvermögen
- Motivation der MA
- Bereitschaft zur kooperativen Arbeitsweise
- Bereitschaft zur Übertragung von Verantwortung (Delegation)
- Bereitschaft zum Informationsaustausch
- Bereitschaft den MA Vertrauen entgegenzubringen

Erwartungen der Unternehmensleitung
- Wahrnehmung der Ziele und Aufgaben des Unternehmens
- Kostenbewusstes Denken und Handeln
- Organisatorische Fähigkeiten und entsprechende Flexibilität
- Menschenkenntnis und die Fähigkeit, MA nach deren Fähigkeiten einzusetzen
- Korrekte Behandlung der MA
- Motivation der MA
  Schaffung eines günstigen Betriebsklimas
- Persönliche Ausstrahlung
- Entscheidungsfreude im Rahmen des Entscheidungsspielraumes
- Verantwortungsbewusstsein
- Der IM sollte die MA gleichzeitig zur Leistung, Pünktlichkeit, Ordnung, Sauberkeit, unfallsicherem Verhalten, Einsatzbereitschaft und kollegialem Verhalten anhalten.

Resultierende Rollenkonflikte aus den Erwartungen an den IM (Beispiele)
Verschiedene Anforderungen und Ansprüche sind nicht miteinander zu vereinbaren

- MA wollen ins Wochenende gehen, plötzlich müssen aber Überstunden gemacht werden, weil eine wichtige Arbeit ausgeführt werden muss. (Notfalls einen bestimmen, der muss wegen Treuepflicht kommen)
- Die MA können sich mit dem IM nicht über die Lage des Urlaubes einigen
- Die MA sind nicht damit einverstanden, dass ihre Überstunden mit Freizeit abgegolten werden. (Zulässig laut Arbeitszeitgesetz)

Bewältigung des Rollenkonfliktes
- Einbindung der MA in betriebliche Planungsprozesse und in Zielvereinbarungen (unternehmerisches Handeln, kundenorientiertes Handeln
- Überprüfung der vorhanden Arbeitsorganisation mit den daraus resultierenden Kompetenzen
  - o Neugestaltung der Gruppenarbeit
  - o Lösung langfristiger Strukturprobleme, durch verbesserte Innovationsfähigkeit und Bereitschaft der MA
- Durch fachliche Qualifikation
- Informationsaustausch
- Schaffung eines guten Betriebsklimas
- Persönliche Ausstrahlung
- Führungseigenschaften
- Verantwortungsbewusstsein
- Geeignetes Sozialverhalten

Erwartungen an den IM erfüllen durch
- Klare und für jeden einsichtige Linie mit entsprechenden Zielvorstellungen
- Förderung der Zusammenarbeit durch fördern und motivieren der MA
- Vorbildfunktion
  - o Ehrlich
  - o Fachkompetent
  - o Kostenbewusst
  - o Gerecht
  - o Zuverlässig
  - o Zeit für MA finden

Weitere Anforderungen an den IM
- **Personalentwickler**
  - o Fähigkeiten von MA erkennen, ausbauen und optimal einsetzen. **Beispiel**: Der Meister erkennt das ein MA nicht die geforderten Qualifikation hat und entwickelt mit dem MA ein Konzept zur Abbauung der Defizite
- **Koordinator**
  - o Zusammenarbeit on Gruppen fördern, Aufgaben verteilen und aufeinander abstimmen **Beispiel**: Der Meister lässt in seinem Bereich täglich eine Teamleiterbesprechung durchführen mit dem Ziel, die Gruppenergebnisse in Qualität und Quantität einander anzunähern.

- **Konfliktmanager**
  - o Konflikte erkennen, steuern und lösen. **Beispiel**: Der Meister vermittelt in einem Streit zwischen einem Gruppensprecher und einem MA der

den Gruppensprecher wegen einer nicht eindeutigen Anweisung persönlich angegriffen hat.
- **Moderator**
  - Besprechungen von Gruppen leiten ohne eigen Interessen durchzusetzen und die Gruppe in eine gewünschte Richtung zu führen.
    Beispiel: Der Meister ist Prozessberater und -begleiter bei eine Gruppe von Fachleuten, die die Prototyp Produktion vorbereiten

IM im Wandel der Zeit
- In der Vergangenheit war die Organisation des Unternehmens in der Mehrzahl durch eine klar gegliederte Aufgabentrennung gekennzeichnet. In Zukunft wird die Funktion des Meisters durch zunehmende Vernetzung und gegenseitige Abhängigkeit gekennzeichnet sein
- In der Vergangenheit erwartete man von den MA die Ausführung bis ins Detail geplanter Tätigkeiten, heute erwartet man von den MA Kreativität um komplexe Technologien zu hoher Effizienz zu bringen
- Früher waren die MA nur Befehlsempfänger, heute werden sie schon frühzeitig in Entscheidungsfindungsprozesse eingebunden
- Der früher populäre autoritäre Führungsstil wird heute vom kooperativen Führungsstil abgelöst

Möglichkeiten der Arbeitsentlastung des IM
- Arbeitstag planen
- Delegation
- Arbeitseinsatz planen
- Verantwortung und Kompetenzen übertragen
- Zusammenarbeit mit anderen Stellen

Führungsstile
Art und Weise wie ein Vorgesetzter die Entscheidung bzw. Verrichtungen in seinem Bereich steuert

Formen der Führung
- Autoritärer Führungsstil
- Gleichgültiger (lasse faire)
- Kooperativer
- Situativer (eigentlich der beste)
  - z.B. während eines normalen Arbeitstages ohne besondere Vorkommnisse, kooperativer Führungsstil
  - z.B im Bereich der Arbeitssicherheit (Schutz von Leib und Leben): autoritärer Führungsstil
  - z.B. im Bereich der Arbeitsentwicklung(Arbeitsplatzoptimierung) Laisser faire Führungsstil (z.B. durch Brainstorming)

Positives Führungsverhalten
- MA in Entscheidungen mit einbeziehen
- Zuhören, informieren
- Den MA das Recht auf eigene Urteile einräumen
- Entscheidungen gemeinsam treffen

Umsetzung kooperativer Führungsstil
- Klare Zielvereinbarungen mit den MA treffen
- Zusammenarbeit fördern
- Aufgaben und Befugnisse übertragen (delegieren)
- Stellvertreter benennen
- MA qualifizieren
- Führungsverhalten beurteilen und steuern
- Vorbildfunktion einnehmen
- Selbstständigkeit entwickeln und fördern

Gruppenarbeit

Anforderungen und Funktionen an den IM
- Berater, bei Problemen
- Kommunikator, der Im muss Information weitergeben
- Moderator, bei Gruppengesprächen
- Koordinator, die Arbeit der verschiednen Gruppen koordinieren
- Kontaktperson, Ansprechpartner bei Konflikten
- Coach
- Auswahl der Teammitglieder
- Setzung und Vereinbarung von Rahmenzielen (Stückzahlen, Qualitätsstandards
- Motivation statt Zwang

Kommunikationsvorraussetzungen
- Bereitschaft zur Kommunikation
- Regeln der Kommunikation
    - Sachlich
    - Verständlich
    - Rücksichtsvoll
    - Aufgeschlossen
- Bedingungen der Kommunikation

Kommunikationsprobleme in Gruppen
- Dominanz der stärkeren Gruppenmitglieder
- Verstecken der schwachen (angst)
- Links liegen lassen (was der sagt ist egal)
- Meinungsvielfalt (jeder muss seinen Senf dazugeben)
- Zeitfaktor (dauert halt bis alle durch sind)
- Cliquenbildung
- Führerschaft (formell und informell)
- Mitläufer
- Mangelnde Identifikation mit Problemen
- Keine Bereitschaft an der Kommunikation teilzunehmen

Grundregeln für Gruppengespräche
- Festlegung des Gesprächsleiters

- Vorbereitung und Festlegung eines Gesprächszieles
- Wahl des Ortes und des Raumes
- Der richtige Zeitpunkt
- Gespräch rechtzeitig und nicht unter Zeitdruck ansetzen
- Rechtzeitige Einladung mit Bekanntgabe der Tagesordnungspunkte

Voraussetzungen für Zielorientierte Gruppengespräche
- Positive Gesprächsatmosphäre
- Vertrauen schaffen
- Zuhören
- Fragen stellen (ermutigen den Gesprächspartner und zeigen Interesse)
- Sachliche Gesprächsführung
- Ziel nicht aus den Augen verlieren

Störungen von Gruppengesprächen
- Eigenes empfinden der Störung schildern
- Thematisierung der Störung
- Direkte persönliche Ansprache ohne das der Angesprochene sein Gesicht verliert
- Teilnehmer gezielt zum Thema hinführen (bei Themenabweichung) durch Fragen

Bildung von Gruppen durch den IM
- Anforderungsprofil der Gruppe bezogen auf die Aufgabenstellung der Gruppe ermitteln
- Den Mitarbeitern das Vorhaben bekannt geben
- Die Potenziale der MA ermitteln und aufzeigen
- Nach fachlichen und menschlichen Gesichtspunkten die Gruppen zusammenstellen
- Persönliche Wünsche der MA nach Möglichkeit berücksichtigen
- Gruppensprecher durch die Gruppe wählen lassen
- Entscheidung der Geschäftsleitung mitteilen

Bildung und Umgang mit teilautonomen Gruppen
- Betriebsziele und Gruppenziele sollten einander entsprechen.
- Auf Wünsche der Mitglieder bei der Gruppenbildung eingehen
- Neulinge integrieren
- Auf sorgfältige Zusammensetzung der Gruppe achten
- Kompetenzen auf die Gruppe übertragen und zulassen
- Zusammenarbeit der Gruppe fördern
- Gruppenkonflikte wenn möglich von der Gruppe lösen lassen
- Auf Integration von Frauen, älteren MA, ausländischen MA, behinderten MA und jugendlichen MA besonders achten

Entwicklungsphasen von Gruppen
- Orientierungsphase

- o Gruppenmitglieder lernen sich kennen, sie gehen zurückhaltender miteinander um
- Konfliktphase
  - o Es werden die ersten Konflikte ausgetragen. Es geht um Verteilung der Rollen und um Status. Wer hat welchen Platz? Wer wird Gruppensprecher?
- Kooperationsphase
  - o Die Konflikte sind ausgetragen und die Rollen festgelegt. Jeder hat seinen Platz im Team gefunden. Ein Wir Gefühl entwickelt sich
- Produktivitätsphase
  - o In der letzen Phase läuft das Team zur Hochform auf. Die Teamleistung ist sehr produktiv und die Synergien kommen voll zum tragen

Gruppenkonflikte
- Erkennen von Konflikten
- Problemanalyse erstellen
- MA Einsatz prüfen
- Gespräche führen
- Kommunikation positiv stärken
- Stärkung des Wir Gefühls
- Entwickeln von Lösungen
- Moderater Eingriff in die Gruppe
- Unterstützung der Gruppe

Teamentwicklungsmassnahmen
- Daten sammeln, analysieren
- Qualifikation der MA
- Fremdmoderation
- Prozessbegleitung

Gruppendruck von aussen durch IM bei bestehenden Spannungen
- Trotzreaktionen werden ausgelöst
- Weiterer Leistungsrückgang

Jugendliche

Integration in Arbeitswelt, zu beachtende Merkmale
- Problembewusstsein
- Unterschiedlicher Entwicklungsstand
- Geistige Entwicklung
- Herkunft
- Vorbildung
- Sich in die Lage der jungen Leute versetzen können
- Anlagen und Talente fördern

Jugendliche im Betrieb einführen
- Generationskonflikt mit älteren MA
- Notwendigkeit und Ziele der Einführung bewusst machen

- Grundsätze der MA Einführung beachten

Unterweisungen bei Jugendlichen
- Didaktik
  - o Zu beachten ist, das Azubis noch nicht lange im Betrieb sind und daher noch nicht so viele Details des Unternehmens aufnehmen können.
- Methodik
  - o Organisatorische Vorbereitungen, Raum, Medien Termin usw.
  - o Jugendliche durch Fragen mit einbeziehen

Lernen

Lernen durch Einsicht
- **Beispiel:** Ein MA kommt zu Besprechungen immer zu spät. Der IM bittet ihn zu einem Kritikgespräch. Als positive Einleitung spricht der IM des MA Hobby Fussball an, und bemerkt das man da zum Training auch immer pünktlich sein muss. Ob das im Betrieb auch möglich wäre? … Neuerdings ist der MA immer pünktlich.

Lernen durch Versuch und Irrtum
- **Beispiel:** Ein MA ist sehr kreativ und versucht manchmal neue Gedanken auszuprobieren. Der IM unterstütz ihn hierbei, auch wenn es zu Verzögerungen im Betriebsablauf kommen kann. Er weiss das Erfolge oder Teilerfolge beim MA abgespeichert werden und einen positiven Effekt zur Folge haben.

Kommunikation

Vorraussetzungen für gute Kommunikation
- Vertrauen
- Vorurteilsfrei
- Offenheit
- Takt
- Rücksicht
- Aufgeschlossenheit

Ergebnisse verbesserter Kommunikation
- Besserer Informationsaustausch
- Weniger Mitarbeiterkonflikte
- Bereitwilligeres arbeiten der MA, da Ziele bekannt sind
- Besseres Ergebnis der Abteilung
- Höhere Arbeitszufriedenheit

Konflikte

Möglichkeiten zur Behebung eines Rollenkonfliktes
- Ernstnehmen der Forderungen beider Seiten
- Besprechen der Probleme mit beiden Seiten

- Situation durchdenken und situationsgerecht (nach Notwendigkeiten) entscheiden. Notwendigkeiten klarmachen
- Mit gutem Beispiel vorangehen (Vorbildfunktion)

Konfliktlösungsmöglichkeiten
- bei heftigem Streit sofort einschreiten und die beiden trennen
- Ursache des Konfliktes ermitteln
- Sachverhalt klären, z.B. durch Einzelgespräche der Beteiligten
- Vermitteln zwischen den Beteiligten
- Zusammen mit den beteiligten Lösung erarbeiten
- Ergebnis auswählen, festhalten und umsetzen
- Konsequenzen für den Wiederholungsfall aufzeigen
- Ergebnis durchführen, verfolgen und kontrollieren
- Auf Vermeidung ähnlicher Vorfälle hinarbeiten

Folgen nicht bewältigter Konflikte
- Konfliktbeteiligte gehen sich aus dem Weg
- Spannungen steigen
- Leistungsbereitschaft und Leistungsfähigkeit sinken
- Andere MA werden in den Konflikt mit herein gezogen
- Zusammenarbeit aller MA wird erschwert
- Evtl. Gruppenumbesetzung erforderlich
- Misstrauische und feindliche Atmosphäre
- Konflikt kann eskalieren
- Der Informationsfluss in der Gruppe kann gehemmt werden
- Konfliktpartner versuchen sich gegenseitig unter Druck zu setzen
- Gefahr von Mobbing

Kontrollverfahren

Regelungen für Kontrollverfahren
- Offenheit der Kontrolle
- Sachlichkeit der Kontrolle
- Eine Kontrolle muss nachvollziehbar, klar und kritisch sein
- Sie sollte tendenziell gemäss einer Absprache folgen
- Sie sollte stets rücksichtsvoll sein

Selbstkontrolle
- Hohe Motivationswirkung
- Übertragung von Verantwortung
- Weniger aufwendig
- Korrektur kann nicht oder zu spät erfolgen
- Evtl. übersehen von Fehlern
- Möglichkeit der Ausnutzung

Fremdkontrolle
- Hoher Sicherheitsgrad
- Kann motivationshemmend wirken

Vollkontrolle
- Totale Sicherheit, Abweichungen direkt korrigierbar
- Wirkt demotivierend
- Hoher Aufwand
- Widerspricht dem Delegationsprinzip
- Entzieht Vertrauensbasis
- Problem bei Abwesenheit des IM

Stichprobenkontrolle
- Abweichungen sofort korrigierbar
- Wirkt demotivierend

Ergebniskontrolle
- Hohe Motivationswirkung
- Bei Abweichungen kann nicht mehr korrigiert werden

Besprechung von Kontrollergebnissen
- Angemessene und objektive Sach- und Fehleranalyse
- Deutliche Anerkennung und Kritik aussprechen
- Leistungsbezogenheit beachten
- Realistische und klare Handlungsvereinbarungen treffen

Mitarbeiter Qualifizierung

Vorteile externer Qualifizierung
- Fortbildung durch Spezialisten
- Detailkenntnisse werden vermittelt
- Hohe Effizienz
- Günstige Lernatmosphäre
- Abstand zur täglichen Routine
- Erfahrungsaustausch
- Eigener Betriebsablauf bleibt ungestört

Mobbing

Mobbingursachen
- Angst vor Verlust des Arbeitsplatzes
- Überbelastung
- Konkurrenzdenken
- Langeweile
- Mängel im Führungsstil
- Gruppenzusammensetzung
- Generationskonflikt

Mobbing Methoden
- Mündliche, schriftliche Drohungen
- Ständige Kritik an der Arbeit des Opfers

- Opfer wird wie Luft behandelt
- Opfer wird lächerlich gemacht
- Kollegen lassen sich nicht ansprechen
- Er wird belästigt
- Androhung körperlicher Gewalt
- Sinnlose Aufgaben

Massnahmen gegen Mobbing
- Erste Anzeichen von Mobbing ernst nehmen
- Auf Attacken sofort reagieren
- Gespräch unter vier Augen führen
- Suchen sie Unterstützung im Kollegenkreis
- Vorgesetzte, Betriebsrat und Personalabteilung informieren
- Arbeitsplatzwechsel innerhalb der Firma erwägen
- Vor allen MA klarstellen, das Mobbing nicht toleriert wird.
- Sanktionen aussprechen

Motivation

Auswirkung der Motivation
- Stärkung des Selbstwertgefühls
- Bestätigung richtigen Verhaltens

Anerkennung
- Richtigen Zeitpunkt wählen
- Unter 4 Augen aussprechen
- Leistung und Verhalten anerkennen, nicht die Person
- Anerkennung nicht mit Kritik an einer anderen Leistung verknüpfen
- Geeignete Sprache und Ausdruck wählen

Motivonssteigerung
- **Nichtwirksame oder nur kurzfristige Motivatoren**
  - mehr Geld, eines der Grundbedürfnisse des Menschen (Hygienefaktoren nach Herzberg, oder auch Maslow) ist es Geld zu verdienen. Eine Steigerung des Verdienstes bewirkt daher keine langfristige Motivation
- **Wirksame Motivatoren**
  - MA Möglichkeiten zur Weiterbildung geben
  - Beförderung und Aufstieg der MA unterstützen
  - Arbeitsbedingungen optimieren
  - Sicherheit de Arbeitsplatzes auf Dauer garantieren
  - Lohngestaltung
  - Prämien für herausragende Leistungen und Verbesserungsvorschläge
  - Mitarbeiter am Gewinn des Unternehmens beteiligen
  - Essenszuschuss
  - Flexible Arbeitszeit
  - Sozialräume
  - Zuschuss zu Fahrten zur Arbeit

- o Delegierung
- o Übernahme von Verantwortung
- o Fördernde Arbeit
- o Teilnahme an Projektgruppen
- o Selbstständigkeit zu lassen
- o Beteiligung an Entscheidungen
- Siehe auch Maslow und Herzberg

Problemgruppen

Siehe Zib Zusammenfassung Seite 13 bis Seite 22 sowie ZIB ab Seite 9

Protokolle

Ergebnisprotokoll
- Festlegung von Ergebnissen und Massnahmen
- Festlegung von Zuständigkeiten und Terminen
- Gedächtnisstütze für Teilnehmer
- Information für abwesende

Gliederung Ergebnisprotokoll
- Überschrift (Gegenstand der Sitzung)
- Ort, Tag, Uhrzeit von bis
- Anwesende
- Tagesordnung
- Ergebnisse und Festlegungen zu den einzelnen Tagesordnungspunkten
- Datum und Unterschriften des Protokollführers und des Sitzungsleiters für die Richtigkeit

Umstellung von Betriebsabläufen

Planen
- Rechtzeitige Information des BR
- Gründliche technische Vorbereitung
- Mögliche Auswirkungen auf Arbeitsinhalte berücksichtigen
- Sind Qualifizierungsmassnahmen erforderlich?
- Anforderungsermittlung durchführen
- Künftige Entlohnung regeln

Durchführen
- Vorbesprechung mit den MA und BR
- Mitwirkung der Beteiligten herbeiführen
- Unklarheiten klären
- Vorteile und Besonderheiten der neuen Arbeitsweise aufzeigen
- Mitarbeiter an der Gruppenbildung beteiligen
- Evtl. Qualifizierungsmassnahmen einleiten
- Versuchsweises Vorgehen, behutsame Einarbeitung

Kontrolle

- Technische und menschliche Schwächen feststellen, um diese abzubauen
- Regelmässige Kontrolle des Arbeitsablaufes

Stress

Stressabbau

- Hoher Mechanisierungsgrad
- Vermeidung monotoner Arbeit
- Arbeitszeitgestaltung
- Flache Hierarchie
- Vermeidung von Überforderung
- Gruppenarbeit

Zielvereinbarungen ZIB Seite 39

Zielvereinbarungen sind in allen Bereichen möglich. Sie müssen nur den jeweiligen Möglichkeiten der MA angepasst werden. Schulungen, laufende Informationen und veröffentlichte Statistiken sind absolute Vorrausetzungen

Vorgehensweise zum treffen von Zielvereinbarungen

- Ziele vorgeben
- Ziele erarbeiten
- Ziele abgleichen
- Prioritäten setzen

Gründe,Zweck von Zielvereinbarungen

- Steigende Motivation der MA wenn sie in den Unternehmenserfolg eingebunden werden
- MA spornen sich gegenseitig an
- MA die nicht mitziehen werden meistens entlarvt
- Firmen die mit Zielvereinbarungen führen haben grösseren Erfolg als andere.
- der MA erhält eine Orientierung, wie seine Arbeit zum Erfolg des Unternehmens beiträgt.
- Der MA erhält einen klaren Massstab für seine Leistung Zielvereinbarunegn führen zu mehr Transparenz
- Der MA kann sich aktiv an der Zielfindung beteiligen und so Einfluss auf die Unternehmensentwicklung nehmen
- Der MA erhält Klarheit über seine Entwicklungsmethoden im Unternehmen

Beispiele für Zielvereinbarungen

- Gemeinsame Qualitätsziele
    - Wir wollen zufriedene Kunden, insofern bestimmt der Kunde den Massstab unseres Handelns
    - Als Qualitätsziel gilt immer 100% richtig oder Null Fehler
    - Jede Arbeit sollte von Anfang an richtig ausgeführt werden. Das verbessert nicht nur die Qualität sondern senkt auch die Kosten

- o Nicht nur die Fehler selbst, sondern die Ursachen von Fehlern müssen beseitigt werden. Fehlervermeidung hat Vorrang vor Fehlerbeseitigung
  - o Termine wollen wir in mindestens 99% aller Fälle einhalten
  - o Zusammenarbeit ist für uns unerlässlich
- Gemeinsame Unternehmensziele
  - o Wir wollen den Umsatz um jährlich 10% steigern
  - o Wir wollen die Produktivität jährlich um 5% steigern
  - o Die Durchlaufzeit für die Fertigung unserer Produkte wollen in 5 Jahren halbieren
  - o Die Kundenzufriedenheit wollen wir jährlich um 10% verbessern.
- Kundenorientiertes Verhalten
- Unternehmerisches Handeln